Usar las claves del contexto

Si no entiendes una palabra, mira si hay pistas en la lectura. Estas **claves del contexto** te pueden dar el significado.

Héroes de mi escuela

Lada J. Kratky
Ilustraciones de Diego Moscato

Esta es mi escuela.

Es la conductora del autobús.

Es la portera de la escuela.

Es mi maestro.

Es la enfermera.

Es el bibliotecario.

Es el secretario.

Es la directora.

Son mis amigos.

Héroes de mi escuela
ISBN: 978-1-68292-526-3

© Del texto: 2017, Lada Josefa Kratky
© De esta edición:
2021, Vista Higher Learning, Inc.
500 Boylston Street, Suite 620.
Boston, MA 02116-3736
www.vistahigherlearning.com
www.santillanausa.com

Dirección editorial: Isabel C. Mendoza
Edición: Ana I. Antón
Dirección de arte y producción: Jacqueline Rivera
Ilustrador: Diego Moscato
Montaje: Gráfika LLC

Todos los derechos reservados. Esta publicación no puede ser reproducida, ni en todo ni en parte, ni registrada en o transmitida por un sistema de recuperación de información, en ninguna forma ni por ningún medio, sea mecánico, fotoquímico, electrónico, magnético, electroóptico, por fotocopia o cualquier otro, sin el permiso previo, por escrito, de la editorial.

Published in the United States of America.

2 3 4 5 6 7 8 9 GP 26 25 24 23 22

Aquí acaba este libro
escrito, ilustrado, diseñado, editado, impreso
por personas que aman los libros.
Aquí acaba este libro que tú has leído,
el libro que ya eres.